Weibliche Trugbilder

10 Gedichte und Analysen über
Hingabe, Abhängigkeit und Schmerz

Nora Falk

Weibliche Trugbilder

10 Gedichte und Analysen über Hingabe, Abhängigkeit und Schmerz

Nora Falk

Verlag:
BoD · Books on Demand GmbH, Überseering 33, 22297 Hamburg,
bod@bod.de
Druck: Libri Plureos GmbH, Friedensallee 273, 22763 Hamburg

ISBN: 978-3-7693-7672-2

Im Rausch der Nähe

Sie lachte mit Gläsern, sie tanzte mit Wein,

die Nächte verflogen, sie wollte so sein.

Kein Schatten, kein Maß, nur das helle Gefühl,

ein Funken, ein Brennen – so war ihr Spiel.

Er sprach sie an, im Spätsommer freundlich und
kühl,

ein Blick, der verstand, kein prüfendes Ziel.

„Wenn du doch trinkst – dann trink auch mit mir.

Ich liebe das Schwanken, das Funkeln in dir."

Sie lachte erneut, doch diesmal verdreht,

das Echo in ihr war betrunken und konkret.

Was sonst sie beschämte, war plötzlich erwünscht,

sein Hunger nach Rausch war, worin sie ertrinkt.

Sie tranken zum Frühstück, sie tranken zum Lied,
er lobte das Leuchten, das durch ihre Glieder zieht.
„Du bist schön, wenn du fällst,

wenn dein Blick nicht mehr weiß, wo Oben
beginnt und wo Unten entlgeist."

Sie dachte an früher, an Pein und Häme
jetzt küsste sie Gin, bis zum Krähen der Hähne
Die Tage verschwammen, das Denken verging,
sie schwebte in Worten, in lallendem Sinn.

Und manchmal, ganz leise, da fühlte sie Gram,
wenn sie sprach ohne Sätze, nur stotternd und
lahm.
Doch dann kam sein Lächeln, so schief und so
mild:
„Du bist meine Muse, mein taumelndes Bild."

Sie wollte ihn fragen, ob Liebe das sei,

wenn man sich verliert, Stück für Stück, ganz

entzwei.

Doch jedes Mal wich er der Antwort geschickt –

denn er hielt ihr Glas, das sie immer erblickt.

Ihr Körper war müde, die Stimme oft leer,

doch der Abend begann, und das Glas war nie

schwer.

Sie spürte: Der Rausch war nicht mehr nur Spiel –

er wohnte in ihr, wie ein zweites Profil.

Die Nächte wurd'n kälter, ihr Spiegel verzerrt,

ihr Blick auf sich selbst: verzweifelt, entehrt.

Die Freude, die war, wurde bitter und schal,

doch sie blieb – denn der Rausch war jetzt ihre

Wahl.

Sie flüstert ins Glas, das sie täglich umfängt:

„Er liebt mich am meisten, wenn alles

verschwimmt.“

Die Tür bleibt geschlossen, das Fenster beschlägt –
ein Herz, das im Taumel die Freiheit sich regt.

Und er? Noch daneben, mit Blicken aus Stein,
ein König im Dunst, will nicht anders erschein.
Sie weiß, dass sie fällt, doch sie fällt in sein Bett –
in dieser *Umarmung* bleibt niemand mehr nett.

Am Ende bleibt Nähe, doch ohne Gewicht,
ein Bund aus dem Dunkel, der niemals zerbricht.
Nicht Liebe, nicht Hass – nur das tägliche Gift,
das sie aneinander in Stille verknüpft.

"Analyse" zu „Im Rausch der Nähe"

? Grundthema:

Das Gedicht schildert die verhängnisvolle Entwicklung einer Frau, die gerne trinkt – zunächst aus Lebenslust – und auf einen Mann trifft, der genau dieses Verhalten erotisiert. Was als vermeintliche Befreiung beginnt, wird zum tragischen Absturz in Abhängigkeit, Selbstverlust und körperlichem wie seelischem Verfall.

? Zentrale Motive und Symbolik

1. Alkohol als Identität und Verbindung

Schon beim Kennenlernen steht der Alkohol nicht nur als Genussmittel im Raum, sondern als **identitätsstiftendes Element**:

> *„Ich trinke gern", flüstert sie stolz, fast kühn – / und trifft auf ihn, der will sie so blühn.*

Hier entsteht die erste Illusion: Endlich jemand, der sie **nicht verurteilt**, sondern ihr Verhalten sogar **feiert**. Das **Trinken wird zur Brücke** zwischen zwei Menschen – aber nicht zur echten Verbindung. Es ist eine Projektion beider:

- Sie sieht Akzeptanz.

- Er sieht Lust.
  Die **gegenseitigen Bedürfnisse ergänzen sich kurzfristig – aber sie verstärken auch**

gegenseitig ihre Schattenseiten.

2. Fetischisierung als trügerische Nähe

Der Mann besitzt einen „drunk-fetish" – er liebt betrunkene Frauen.
Das verleiht der Frau anfangs ein **Gefühl von Begehrtheit und Verständnis**, vor allem in einer Welt, in der Trinkende – besonders Frauen – oft moralisch abgewertet werden.
Doch hier liegt die Tragik:

> *Er lobt ihr Lallen, liebt den Fall – / sie wird sein Glas, sein Trank, sein Mahl.*

Er liebt **nicht sie**, sondern **ihre Betrunkenheit**. Ihre Schwäche, ihr Kontrollverlust, ihr Taumeln – all das wird erotisiert.
So verliert sie langsam die Kontrolle **nicht nur über sich, sondern auch darüber, wie sie gesehen wird**.

3. Der Alltag als schleichender Zerfall

Mit der Zeit wird der Rausch zum Alltag, die Euphorie zur Routine.

> *Sie tanzt durch Tage, taumelt weich – / der Morgen grau, der Abend gleich.*
> Der Alkohol durchzieht nun ihr ganzes Leben. Die Beziehung ist **nicht mehr aufregend, sondern stumpf betäubend**.

Die einstige Leichtigkeit wird zur Tragödie:

> *Was einst nach Freiheit duftend schien, /*

wird klebrig schwer – ein kalter Sinn.

Hier kippt das Bild: Was als Befreiung begann, entpuppt sich als **Fessel in flüssiger Form.**

4. Abhängigkeit und Unentrinnbarkeit

Am Ende erkennt die Frau ihr eigenes Gefängnis – aber sie hat keinen Ausweg mehr:

> *Und als sie fällt, so weich, so müd – / hält*
> *er sie fest. Sie bleibt sein Lied.*

Sie ist innerlich wie äußerlich abhängig – nicht nur vom Alkohol, sondern auch von **seiner Bestätigung, seinem Begehren**, das sie einst wie Rettung empfand.
Diese letzte Strophe ist bitter und doppeldeutig:

- „Er hält sie fest" – liebevoll oder besitzergreifend?

- „Sie bleibt sein Lied" – romantisch oder funktionalisiert?

Die Deutung bleibt offen, aber bedrückend.

? Stilistische Mittel

- **Metaphern & Allegorien**:
  Alkohol als „Lied", als „Trank", sie selbst als „sein Glas" – das macht ihre Entmenschlichung greifbar.

- **Klang & Rhythmus**:
  Die Sprache ist weich, fast betörend – genau
  wie Alkohol. Die dunkle Thematik wird in eine
  ästhetisch schöne Form gegossen, was die
  Verführungskraft betont.

- **Struktur**:
  Die gleichbleibende Strophenform (Vierzeiler,
  Reimschema aabb) spiegelt die
  Gleichförmigkeit des Rauschs im Alltag wider.
  Das Lyrische täuscht Leichtigkeit vor, während
  der Inhalt immer schwerer wird.

? Interpretation

„Im Rausch der Nähe" ist eine tieftragische Reflexion
über die fatale Verwechslung von Akzeptanz und
Ausbeutung, von Nähe und Abhängigkeit, von Lust und
Selbstverlust.
Die Frau steht dabei symbolisch für viele Menschen –
insbesondere Frauen – die in einer Beziehung **ihr
eigenes dysfunktionales Verhalten durch
vermeintliche Liebe verstärken**, statt es zu erkennen.
Der Mann ist dabei nicht aktiv bösartig – aber er **macht
sich ihre Schwäche zunutze**, um seine Bedürfnisse zu
stillen. In dieser Dynamik gibt es keine Heilung, nur
Verschmelzung und Verfall.

In seinem Blick verwachsen

Sie lebte im Schatten, in Kleidern zu weit,
ihr Lachen gedämpft, ihre Zunge schweigt.
Die Blicke, sie brannten, sie lernte nach Innen zu
schrein –
zu viel war ihr Körper, zu wenig ihr Sein.

Er sah sie beim Einkaufen, nickte ihr zu,
mit Augen, so weich, wie kaum einer im Nu.
„Du bist schön, wie du bist. Ich mein' das ganz
klar –
wenn du willst, wachse weiter. Es ist nie genug
da!."

Ein Zittern, ein Staunen, sie dachte: *Warum?*
Ein Lob für das Mehr, das war sonst immer stumm.
Er brachte ihr Torten, mit Liebe garniert,
und sprach seine Wünsche, die sie tief berührt.

Sie aß nun befreiter, mit Hunger und Glanz,
sein Lob war wie Zucker, sein Blick wie ein Tanz.
Was früher beschämte, war nun Zelebration,
sie wuchs in sein Begehren, verlor ihre Position.

Die Hosen verschwanden, der Atem wurd' knapp,
sie ruhte nun öfter, doch blieb niemals satt.
Er flüsterte nachts: „Du wirst wunderbar groß."
Sie lachte, doch innen war alles schon los.

Die Schritte wurd'n schwerer, der Alltag entfiel,
die Stühle brachen, sie liegt danieder, das war sein
Ziel.
Doch immer, wenn Zweifel sich meldeten leis,
lag sein warmer Blick auf ihr wie ein Preis.

Sie fragte sich selten, was Liebe wohl heißt –
doch seine Begeisterung war ihr der Beweis.
Sie fühlte sich endlich als Frau akzeptiert,
doch hat nie erkannt, wie viel sie verliert.

Denn jedes Kompliment war auch sanfter Befehl,
sie spürte: Ihr Zunehmen war Teil von dem Spiel.
Und statt aufzubegehren, aß sie süßes Verzeih'n –
ein Dessert für das Schweigen, allein, ganz allein.

Kein Kleid passte mehr, das Bett ihr Revier,
sie schwieg in den Tagen, und aß nur mit Gier.
Er reichte das Essen, ganz stolz und verzückt,
sie lächelte matt, doch im Innern zerdrückt.

Sie hasst ihre Schwäche, doch flieht sie zugleich,
denn er liebt das, was sie macht: rund und weich.
„Ich kann nicht mehr umdrehen, ich bin schon zu
voll."
Sie flüstert's ins Kissen, im bittersüßen Groll.

Und er? Noch daneben, mit Händen bereit,
zu füttern, zu formen in ewiger Zeit.
Sie weiß, dass sie stirbt – nicht plötzlich, doch bald
–

verloren im Körper, gewachsen im Halt.

Am Ende bleibt Nähe, doch ohne Gesicht,

kein Kuss, der noch wärmt, kein Licht, das

verspricht.

Ein Körper als Käfig, ein Hunger als Klang –

sie liegt in sich selbst – und ist ewig gefangen.

"Analyse" zu „In seinem Blick verwachsen"

? Grundthema:

Das Gedicht erzählt von einer Frau, die ihr Leben lang mit Übergewicht lebt und schließlich einem Mann begegnet, der genau diese körperliche Eigenschaft begehrt. Was als Bestätigung und Akzeptanz beginnt, entwickelt sich zu einer zerstörerischen Abhängigkeit, in der die Frau sich immer weiter verliert – in Körper, Gefühl und Freiheit.

? Zentrale Motive und Symbolik

1. Körper als Ort von Verletzlichkeit und Sehnsucht

Die Frau ist ihr ganzes Leben mit einem Übergewicht konfrontiert, das gesellschaftlich oft stigmatisiert wird. Ihre Begegnung mit dem Mann, der genau diesen Körper liebt, ist eine Art Erlösung:

> *„Er liebt mein Gewicht, meine Fülle, mein Sein"*
> Diese Liebe wird als **Balsam für ihre Seele** erlebt – endlich Akzeptanz, die sie sich so sehr gewünscht hat.

Doch das Lob für ihren Körper wird gleichzeitig zur Falle.

2. Das Lob als zweischneidiges Schwert

Der Mann liebt nicht „sie" als ganze Person, sondern

vor allem **das Wachstum ihres Körpers** – und dieser
Wunsch prägt sein Begehren:

> *„Er lobt jeden Zentimeter mehr / als*
> *Zeichen von Liebe, nicht von Beschwer."*
> Das führt dazu, dass die Frau zunehmend
> mehr isst, um geliebt zu werden – ein
> tragischer Teufelskreis.

3. Wachstum als Kontrollverlust

Das zunehmende Gewicht, das zunächst Symbol für
Begehren und Zugehörigkeit ist, verwandelt sich
langsam in eine Last, die ihr Leben einschränkt:

> *„Vom Bett aus nur träumt sie sich frei /*
> *gefangen in seinem süßen Brei."*
> Das Gedicht zeigt, wie körperliche
> Veränderung zur Gefangenschaft wird –
> und die Abhängigkeit von der Beziehung
> wächst parallel zum Gewicht.

4. Zwiespalt zwischen Selbsthass und Sehnsucht

Die Frau erlebt eine tiefe innere Zerrissenheit:

> *„Sie hasst sich, doch die Gier bleibt*
> *groß / sein Lob ist süßer als ihr Los."*
> Sie spürt, wie ihr Verstand gegen den
> Körper rebelliert, doch die emotionale
> Bedürftigkeit und die Bestätigung von
> außen überwiegen.

? Stilistische Mittel

- **Symbolik des Wachstums**: Körperliches Wachstum steht für emotionale Abhängigkeit und Verlust der Selbstbestimmung.

- **Wiederholungen** und **sanfte Rhythmik** schaffen einen Klang, der fast lullend wirkt – passend zum Thema der schleichenden Gefangenschaft.

- **Bildhafte Sprache**: Essen, Körperumfang und Bett werden zu Metaphern für Liebe, Abhängigkeit und Ausweglosigkeit.

? Interpretation

Das Gedicht ist eine eindringliche Darstellung, wie Liebe und Begehren zugleich zur Falle werden können, wenn sie an körperliche Bedingungen geknüpft sind. Die Frau opfert ihre Gesundheit und Freiheit, um in den Augen des Mannes wertvoll zu bleiben. Das „Lob" wird zum Mechanismus der Kontrolle, und die Beziehung zur Quelle von Gefangenschaft.

Es geht um **die Sehnsucht nach Anerkennung und die Gefahr, sich dabei selbst zu verlieren** – ein Thema, das weit über das Körpergewicht hinausreicht und sehr universell ist.

Stille Tochter

Sie sprach nur in Flüstern, ihr Wort war so leis,
versteckte sich oft hinter der Stille im Kreis.
Im Lärm war sie klein, im Schweigen so groß,
ein Schatten, der lebte, ganz ohne ein Los.

Er fand sie in Räumen, die sonst keiner sah,
bewunderte das Schweigen, das selten so nah.
„Du brauchst keine Stimme, du bist ohne Klang,
die Ruhe in dir klingt wie gesang."

Sie fühlte sich sicher, weil er sie versteht,
doch ahnte nicht, wie sehr sie darin vergeht.
Sein Lob war wie eine Kette, die sanft sie
umschlang,
ein Käfig aus Worten, ein stiller Gesang.

Sie lernte zu schweigen, noch tiefer als je,
vergessen die Wünsche, das Sehnen, das Weh.

Denn reden hieß sich zu zeigen, das ist nicht ihr
Ding, denn sie will nur Schweigen.

Er liebte die Stille, das Nichtvorhandensein,
ein Bild ohne Farben, doch soll sie es sein.
Seine Nähe war warm, doch kalt wie ein Glas,
er wollte sie halten – aber alles im Maß.

Sie träumte von Worten, die niemand verstand,
von Stimmen, die laut sind, von eigener Hand.
Doch sah sie, dass seine Liebe zerbrach
an ihrem Versuch, sich zu finden und im Wach.

Sie flüsterte nachts in ihr leeres Zimmer,
die Sehnsucht nach Klang war ein lautes
Gewimmer.
Er hörte nur Stille, sein Herz blieb stumm,
die Liebe ein Echo, das leise verstummt.

Die Tage vergingen, sie wurde kaum mehr,

ein Geist ohne Stimme, als wär' sie nicht hier.
Doch unter der Oberfläche brannte das Licht,
ein Wunsch, der verzehrt und sie zerbricht.

Sie wollte zerbersten, um laut sein zu können,
doch seine Arme hielten sie fest in den Tönen.
Die Stille, sein Schatz, war ihr tiefes Gefängnis,
sie kämpfte ums Leben – in lautloser Finsternis.

Und plötzlich erkannte sie in seiner Hand,
dass Liebe nicht Freiheit, sondern war Zaun und
Verstand.
Sie wollte entkommen, doch konnte nicht geh'n,
die Stille, die liebte, ließ keine Tränen verwehn.

Am Ende blieb Schweigen, das nie wirklich klang,
ein Lied ohne Worte, ein letzter Gesang.
Sie war seine Muse, sein Schatten zugleich,
die Stille, die starb, im Lautlosen Teich.

Und so liegt sie da, in Gedanken gefangen,

die Stimme verloren, vom Schweigen umfangen.

Die Sehnsucht nach Freiheit, die niemand mehr

hört,

ein Herz, das im Dunkel allein sich verzehrt.

"Analyse" von „Stille Tochter"

Grundthema:

Das Gedicht erzählt die tragische Geschichte einer Frau,
die ihr Leben lang still und zurückhaltend war – aus
Angst, Ablehnung oder Selbstschutz. Sie trifft auf einen
Mann, der gerade diese Stille bewundert, sie fördert und
liebt. Doch seine Bewunderung ist ambivalent: Sie liebt
nicht die Frau als Ganzes, sondern idealisiert ihre
Schweigsamkeit. Das führt dazu, dass die Frau sich
immer mehr zurückzieht und Stück für Stück ihre
eigene Stimme, Identität und Freiheit verliert.

Hauptmotive:

1. **Stille als Schutz und Gefängnis**
   Die Frau nutzt Schweigen, um sich vor der
   Welt zu schützen (Strophen 1, 4). Doch die
   Stille wird mit der Zeit zur Falle – sie wird zu
   ihrem einzigen Ausdruck und gleichzeitig zur
   Isolation (Strophen 8, 9).

2. **Ambivalente Liebe des Mannes**
   Der Mann bewundert sie für das, was sie nicht
   tut – reden, sich zeigen, laut sein (Strophen 2,
   5). Seine Liebe ist paradox: Sie ist warm und
   begehrend, aber auch begrenzend und
   kontrollierend (Strophen 5, 10).

3. **Innere Zerrissenheit der Frau**
   Sie sehnt sich nach eigener Stimme, nach
   Freiheit und Ausdruck (Strophen 6, 7), kann
   aber nicht aus dem „stillen" Raum ausbrechen,

in dem der Mann sie hält (Strophe 10). Ihre
Sehnsucht ist ein „lautes Gewimmer" im
Innern, das niemand hört (Strophe 7).

4. **Verlust der Identität**
   Im Verlauf verliert sie sich selbst: Sie wird zum
   „Geist ohne Stimme" (Strophe 8) und zur
   „Muse und Schatten zugleich" (Strophe 11).
   Die Liebe an sich wird so zum Verhängnis,
   weil sie nur eine Seite der Frau will – die stille,
   gefügige.

5. **Tragik und Resignation**
   Am Schluss ist die Frau gefangen in der Stille,
   unfähig zu entkommen oder sich zu befreien
   (Strophe 12). Das Bild ist beklemmend und
   melancholisch, zeigt aber auch die innere
   Kämpfe und das ungehörte Leiden.

Stilistische Mittel:

- **Metaphern:**
  „Stille als Käfig", „Lied ohne Worte",
  „Schweigen als Schatten" – diese Bilder
  vermitteln emotional die Zerrissenheit und das
  Gefangensein.

- **Wiederholung:**
  Der Begriff „Stille" taucht immer wieder auf,
  um den zentralen Konflikt zu unterstreichen.

- **Gegensätze:**
  Laut und Leise, Wärme und Kälte, Nähe und
  Distanz – diese Spannungen erzeugen das
  beklemmende Gefühl.

- **Rhythmus und Klang:**
  Die kurzen, klaren Vierzeiler mit Reimen
  schaffen einen melancholischen, fast wie ein
  Klagelied klingenden Tonfall.

Interpretation:

Das Gedicht zeigt, wie sich Menschen aus tiefen
Unsicherheiten und gesellschaftlichen Zwängen in
Beziehungen begeben, in denen sie nicht als Ganzes
angenommen werden, sondern nur in Teilen. Es
thematisiert, wie Anerkennung und Liebe auch
kontrollierend und zerstörerisch sein können, wenn sie
die Freiheit und Identität eines Menschen einschränken.

Es ist ein nachdenklicher, trauriger Blick auf emotionale
Abhängigkeit und auf das oft unsichtbare Leiden von
Menschen, die nicht sprechen oder sich nicht zeigen
können – und wie solche Liebesbindungen trotzdem
schwer zu verlassen sind.

Gedicht 4: Falsche Krone

Sie trägt die Last aus Stahl und Glas,
verwebt aus Ehrgeiz in den Tagen.
Die Welt, sie hält sie fest im Maß,
doch Liebe kennt sie kaum, nur Plagen.

Der Mann, er schaut mit einem Blick,
der glänzt in Scheiterns düstrem Glanz.
Er lobt den Fall, das Missgeschick,
für ihn ist sie der schönste Tanz.

Sie jagt die Spitzen, Gipfel weit,
kontrolliert, lenkt, zerstört sich selbst.
Ihr Lachen bleibt oft nur Geleit,
ein Schatten, der im Dunkel schwelgt.

Er flüstert ihr vom freien Fall,

der reizt ihn mehr als Sieg und Macht.
Er liebt den Kampf, den finalen Knall,
die Krone, die im Staub erwacht.

So bindet sich die Kette schwer,
aus Lob und Furcht, aus Druck und Lust.
Sie taumelt auf der Karriereleiter mehr,
verliert sich selbst im heißem Frust.

Der Tag zerbricht in scharfen Tönen,
die Seele schreit nach sanfter Ruh.
Doch Fassade kann sie nicht entthronen,
Gefangen in dem alten Schuh.

Der Mann sieht ihre zerriss'ne Spur,
die zwischen Glanz und Bruch sich zieht.
Er liebt den Fall, die bittere Kur,
den Schmerz, der ihr Gesicht umflieht.

Sie weiß, sie lebt auf dünnem Eis,
verliert den Halt in ihrem Tun.
Doch ihr Verstand bleibt stumm und leis',
sie folgt dem Ruf in dunklen Schuhn.

Im Spiegelbild die falsche Krone,
gefangen in dem Machtgewand.
Sie wünscht sich nur die leise Zone,
doch er hält fest mit harter Hand.

Und tief im Herz, da keimt ein Zweifel,
ob sie das Leben so noch will.
Doch Angst vor Scheitern, Angst vor Teufel,
hält sie gefangen, roh und still.

So tanzt sie weiter, Schritt für Schritt,
im Netz aus Lob und Fesselklang.
Der Mann, der will nicht ihren Ritt,
nur ihren Fall – den tiefen Drang.

Die Krone schwer auf ihrem Haupt,

sie weiß nicht mehr, was Freiheit heißt.

Die Fassade wankt, die Seele glaubt,

dass Scheitern ihr doch schmeichelt meist.

"Analyse" zu „Falsche Krone"

? Grundthema:

Das Gedicht thematisiert eine Frau mit ausgeprägter
Kontrollsucht und Karrierefixierung, die von einem
Mann begehrt wird, der nicht ihre Erfolge bewundert,
sondern heimlich ihr Scheitern erotisiert. Die
anfängliche Faszination für ihre Stärke verwandelt sich
in eine fatale Dynamik aus Abhängigkeit,
Selbstausbeutung und emotionaler Gefangenschaft.

? Zentrale Motive und Symbolik

1. Kontrolle und Macht als Fassade

Die Frau wird beschrieben als eine, die „die Last aus
Stahl und Glas" trägt – ein Symbol für ihre innere Härte
und gleichzeitig Zerbrechlichkeit. Ihre Welt ist
durchstrukturiert, beherrscht von Ehrgeiz und
Perfektionismus:

> *„Die Welt, sie hält sie fest im Maß, doch*
> *Liebe kennt sie kaum, nur Plag'"*.
> Die Kontrolle ist für sie ein Schutzschild
> – gegen Unsicherheit, Schwäche,
> Verletzlichkeit.

2. Der Mann als Liebhaber des Scheiterns

Der Mann ist kein Bewunderer des Erfolgs, sondern der
Katastrophe, des Falls, des Bruchs:

„Er lobt den Fall, das Missgeschick, für ihn ist sie der Tanz, der Kranz."
Das macht die Beziehung toxisch, denn sein Interesse liegt im **Abgrund**, nicht in der Erfüllung.

3. Die falsche Krone als Symbol

Die „falsche Krone" steht für die vermeintliche Macht und den Erfolg, die die Frau trägt, aber die eigentlich zur Last werden.
Sie ist nicht frei, sondern „gefangen in dem Machtgewand", das sie selbst angelegt hat und das der Mann mit seinen Erwartungen und Vorlieben verstärkt.

4. Ambivalenz zwischen Stärke und Zerfall

Das Gedicht zeichnet das Bild einer Frau, die zwischen äußerer Stärke und innerem Zerfall schwankt. Sie weiß um ihre Situation, fühlt die Zweifel, doch die Angst vor Scheitern und Verlassenheit hält sie in der Falle.

? Stilistische Mittel

- **Metaphern:**
  Die „Krone" symbolisiert Macht und Status, gleichzeitig aber auch Druck und Gefangenschaft.

- **Antithesen:**
  Stärke vs. Zerbrechlichkeit, Erfolg vs. Scheitern, Kontrolle vs. Ausgeliefertsein.

- **Rhythmus:**
  Gleichmäßiger Reim und Takt spiegeln die strukturierte, kontrollierte Lebensweise der Protagonistin wider, während die dunklen Inhalte die Spannung erhöhen.

? Interpretation

Das Gedicht zeigt, wie Menschen, die äußerlich scheinbar alles unter Kontrolle haben, innerlich zerbrechen können – besonders, wenn sie in Beziehungen geraten, die ihre Schwächen nicht lindern, sondern ausnutzen. Die „falsche Krone" wird zum Sinnbild für eine toxische Rolle, die schwer abzulegen ist. Der Mann verkörpert die gefährliche Faszination am Scheitern, die die Frau immer tiefer in ihre Selbstzerstörung zieht.

Gedicht 5: Die Haut, die er wollte

Sie trägt die Narben tief und roh,
ein Muster aus vergang'ner Zeit.
Im Spiegel sieht sie nichts als Floh,
versteckt die Wunden voller Leid.

Der Mann, er sieht nicht nur das Blut,
er sieht die Kunst in jeder Spur.
Er nennt die Schmerzen süßen Mut,
verliebt sich in die blut'ge Kur.

Sie ritzt sich ein, um sich zu spür'n,
die Kälte innen zu vertreiben.
Im Schmerz versucht sie zu regier'n,
ihr Geist beginnt, sich zu vertreiben.

Er flüstert süß, wie schön es sei,
die Haut so offen, verletzlich, echt.
Doch mit dem Lob, da steigt die Müh'
und ihr Verlangen wächst gerecht.

Die Wunden werden tiefer bald,
das Blut ein roter Liebesschwur.
Sie fühlt sich stark und gleichzeitig kalt,
gefesselt an des Mannes Spur.

Er braucht die Narben mehr als sie,
sie sind sein Beweis von Nähe.
Er hält sie fest, er will sie hieh,
doch Liebe ist das nicht, nur schmähe.

Die Nacht bringt keine Heilung - so,
nur Sehnsucht nach dem nächsten Stich.
Sie lebt und glaubt sie wäre froh,
doch sitzt sie stets allein am Abendtisch.

Ihr Spiegelbild zerfällt im Schein,
der Mann bewundert jede Narbe.
Sie sucht den Ausweg, bleibt allein,
im Kreis aus Lob und Selbstvernarbe.

Der Schmerz wird Liebe, fest und schwer,
ein Netz, dem sie nicht mehr entkommt.
Sie liebt den Mann und hasst ihn sehr,
verliert sich, wenn er kommt.

Sie weiß, dass Wunden nicht heilen,
doch kann sie sich nicht selbst kurieren.
Gefangen in den Liebeskeilen,
ihr Geist ist kalt, droht zu erfrieren.

Die Haut, die er so sehr begehrt,
ist Zeichen von zerstörter Macht.
Die Frau, die sich tief im Innern wehrt,
ist müde, doch hält die Nacht.

So lebt sie weiter, Stück für Stück,

zwischen Schmerz und zärtlichem Blick.

Ein Tanz, der endet nie im Glück,

gefangen in des Mannes Trick.

"Analyse" zu „Die Haut, die er wollte"

? Grundthema

Das Gedicht behandelt die Geschichte einer Frau, die sich selbst verletzt, um mit innerem Schmerz umzugehen, und auf einen Mann trifft, der ihre Narben nicht nur akzeptiert, sondern fetischisiert. Was zunächst wie Verständnis erscheint, entpuppt sich als psychologisch und emotional hochgefährliche Dynamik: Die Frau wird durch seine Bewunderung immer weiter in ihre Selbstverletzung hineingetrieben – mit der Illusion, so Liebe und Nähe zu erleben.

Es geht um die tragische Verwechslung von Intimität und Idealisierung von Schmerz. Die Frau verliert sich in der Rolle, die der Mann in ihr sieht – bis sie irgendwann erkennt: Er liebt nicht sie, sondern das Bild ihrer Wunde.

? Zentrale Motive & Symbolik

1. Narben als Beweis von Nähe – und Selbstverlust

Die Frau trägt ihre Wunden sichtbar – nicht als Zierde, sondern als Ausdruck innerer Leere:

> *„Sie trägt die Narben tief und roh, / ein Muster aus vergang'ner Zeit."*

Narben werden hier zu einem Teil ihrer Identität. Der Schmerz ist nicht nur Symptom, sondern

Kommunikationsmittel: Der Körper spricht, wo Worte fehlen.

Doch mit dem Mann tritt eine neue Dynamik auf:

„Er nennt die Schmerzen süßen Mut"

Er deutet das, was zerstörerisch ist, als etwas Schönes, Mutiges. In seinen Augen liegt Romantisierung, wo Realität nach Hilfe schreit. Er transformiert ihren Schmerz in Ästhetik – und damit auch in eine Art Leistungsdruck.

2. Fetischisierung als emotionale Falle

„Er sieht die Kunst in jeder Spur"
„Die Wunden werden tiefer bald / das Blut ein roter Liebesschwur."

Die Anerkennung des Mannes wirkt wie ein Rausch: Endlich jemand, der nicht wegsieht. Doch der Preis ist hoch – denn sein Interesse gilt nicht ihrem Heil, sondern ihrer Verwundbarkeit.
Je tiefer ihre Schnitte, desto tiefer seine „Liebe".
Was als Akzeptanz beginnt, wird zur Bestätigung ihrer Selbstzerstörung. Sie schneidet sich nicht mehr nur für sich – sondern auch für ihn.

Die Zeilen zeigen, wie Liebe mit Sucht verschwimmt. Schmerz wird zur Währung von Nähe. Und das ist die tiefste Tragik:

„Sie lebt in diesem Schmerzgedicht, / das keiner mehr zerbrechen will."

3. Spiegelbild und Identitätsverlust

„Ihr Spiegelbild zerfällt im Schein"

Die Frau erkennt sich selbst nicht mehr. Die Narben haben sie geformt – aber sie haben sie auch entfremdet. Das Spiegelbild zeigt nicht mehr „sie", sondern das Bild, das er von ihr sehen will: die verwundete, fragile Frau, die er als Projektionsfläche braucht.

4. Gefangenschaft in der Rolle der Verwundeten

*„So lebt sie weiter, Stück für Stück, /
zwischen Schmerz und zärtlichem Blick."*

Die letzten Strophen verdeutlichen das Dilemma:
Sie sieht, dass es falsch ist – aber die „Liebe" gibt ihr Bestätigung, Nähe, Bedeutung.
Das Gedicht endet ohne Hoffnung auf Erlösung – sondern mit einer schmerzhaften Ambivalenz:
Ein Festhalten an einer Illusion, die langsam tötet.

Stilistische Mittel

- **Metaphern & Körperbilder:**
  Die Sprache des Gedichts ist körperlich, sinnlich und zugleich schmerzhaft: Narben, Blut, Haut, Spiegel – alles steht symbolisch für Zerrissenheit, Identität und emotionale Nacktheit.

- **Rhythmus & Struktur:**
  Gleichmäßige Vierzeiler (Reimschema aabb) suggerieren eine gewisse Harmonie, die im

starken Kontrast zum inneren Chaos der Figur steht. Diese formale Ordnung spiegelt die Illusion von Kontrolle, die Selbstverletzung manchmal gibt – während innerlich alles brennt.

- **Doppeldeutigkeit & Ambivalenz:**
  Viele Zeilen lassen sich auf zwei Ebenen lesen – romantisch und verstörend:
  „Er hält sie fest" – beschützend oder besitzergreifend?
  „Sie bleibt sein Lied" – poetisch oder funktionalisiert?

? Interpretation

„Die Haut, die er wollte" ist ein Gedicht über emotionale Co-Abhängigkeit, Selbstverletzung und die gefährliche Macht von Projektionen in Beziehungen.

Die Frau symbolisiert Menschen, die durch Selbstverletzung Kontrolle über ihren Schmerz suchen – und auf Partner treffen, die diese Verletzlichkeit nicht helfen zu heilen, sondern unbewusst ausnutzen.

Der Mann ist kein Monster – aber er liebt nicht den Menschen, sondern das Bild der „gebrochenen Schönheit", das ihn emotional nährt. Das macht ihn gefährlich – weil seine Liebe nicht heilt, sondern bindet.

Es geht um das Verlorengehen in einer Rolle, die andere einem zuschreiben – und um den Schmerz, der plötzlich als Beweis für Nähe gilt. Damit entlarvt das Gedicht eine oft unsichtbare Dynamik toxischer Beziehungssysteme:
Nicht alle, die dich „lieben", tun dir gut. Manche

„lieben" nur das, was dich kaputt macht.

Gedicht 6: Keine Kinder, sagt sie

Keine Kinder, sagt sie, mit festem Blick,
die Stimme klar, kein Schritt zurück.
Ihr Körper frei, ihr Leben weit,
kein Ruf nach Wiege, kein Kleid aus Zeit.

Sie trifft ihn dort am Rand der Nacht,
wo keiner fragt, wo keiner wacht.
Er hört ihr Nein wie ein Gedicht –
„So selten schön, wenn Frau verzicht'."

Er lacht und liebt ihr freies Sein,
sie tanzt allein, doch nicht allein.
Er nennt sie wild, so ungezwungen –
sein Wunsch: für immer ungedrungen.

Er feiert sie – die ohne Kind,
die gegen jedes Mutterbild.
„Du bleibst mir jung, du bleibst mir klar –
kein Milchgeruch, kein Kinderschrei, wunderbar."

Sie fühlt sich leicht, fast neu geboren,
als hätt' sie nie sich selbst verloren.
Endlich kein Kampf, kein stiller Streit –
ihr Bauch gehört nicht mehr der Zeit.

Doch leise, schleichend wird er kühl,
sein Blick wird schärfer, wie ein Spiel.
„Bleib, wie du bist – veränd're dich nicht –
ich liebe nur dein ew'ges Licht."

Sie spricht von Träumen, grauen Tagen,
von Fragen, die nach Antwort laben.
Doch seine Hände, weich wie Seil,
ziehen sie zurück ins alte Teil.

Sie darf nicht wachsen, nicht vergehen,
er will sie nur im Jetzt bestehen.
Kein Raum für Zweifel, Müdigkeit –
er liebt sie nur im Kleid aus Zeit.

Und manchmal, wenn sie stumm verweilt,
der Wind durch Kinderstimmen eilt,
spürt sie ein Ziehen, alt und klar –
was wär, wenn's anders, echter war?

Er sieht es nicht – will es nicht verstehn,
sein Wunsch ist: sie darf nicht weitergehn.
Ein Denkmal ohne Dämmerung,
sein Begehren kennt kein Schwung.

Sie wird zu Puppe, glatt und still,
ihr Nein wird das, was er nun will.
Ein Widerspruch aus Lust und Pflicht –
ihr „Keine Kinder" wird zur Pflicht.

Sie liegt bei ihm, und fühlt sich fern,

ihr Leib zu starr, ihr Blick zu Stern.

Und in sich flüstert sie sodann:

„Ich wollt nur frei sein – nicht für ihn, nicht

irgendwann."

"Analyse" zu „Keine Kinder, sagt sie"

? Grundthema:

Dieses Gedicht beleuchtet die Geschichte einer Frau, die sich bewusst gegen Mutterschaft entschieden hat – selbstbestimmt, reflektiert, klar. Als sie einen Mann trifft, der genau diese Entscheidung feiert, fühlt sie sich gesehen und angenommen. Doch mit der Zeit wird deutlich: Er liebt nicht *sie*, sondern das Ideal, das sie verkörpert – eine Frau ohne „Last", ohne Veränderung, ohne Reife. Die Frau merkt zu spät, dass ihre Freiheit zur Projektionsfläche wurde und ihr vermeintlich empowerter Lebensentwurf in Besitz genommen wurde.

? Zentrale Motive und Symbolik:

1. „Keine Kinder" als Ausdruck von Selbstbestimmung

> *„Keine Kinder, sagt sie, mit festem Blick"*
> Die Frau beginnt mit einem starken Selbstbild. Ihre Entscheidung ist kein Mangel, sondern eine bewusste Wahl. Sie steht sinnbildlich für Frauen, die sich gegen gesellschaftliche Rollenerwartungen wehren.

Diese Klarheit ist allerdings nicht nur Ausdruck von Freiheit – sondern auch eine potenzielle Projektionsfläche für Männer, die in „kinderlosen" Frauen vor allem Jugend, Unverfügbarkeit oder sexuelle Ungebundenheit sehen.

2. Der Mann als Bewunderer – aber auch Fixierer

„Er hört ihr Nein wie ein Gedicht / ,So
selten schön, wenn Frau verzicht'"
Was als Anerkennung erscheint, ist in
Wahrheit eine erste Verschiebung: Er lobt
nicht ihr „Sein", sondern ihre
Abwesenheit von etwas (Mutterschaft).
Er liebt ihre Entscheidung nicht aus
Respekt – sondern weil sie in sein
Idealbild passt: Eine Frau, die sich nie
verändert, nie entzieht, ewig verfügbar
bleibt.

3. Veränderungsverbot – das romantische Vakuum

„Bleib, wie du bist – veränd're nichts"
Das zentrale Problem dieser Beziehung
liegt in seinem impliziten Wunsch nach
einer statischen Frau.
Sie darf keine Zweifel haben, nicht müde
sein, sich nicht entwickeln – denn das
würde das fragile Ideal bedrohen.

Diese Haltung ist hochgradig kontrollierend, ohne
aggressiv zu wirken. Sie tarnt sich als Bewunderung,
doch sie ist letztlich Besitznahme:

„Ein Denkmal ohne Dämmerung"
Ein Denkmal kann man nur anschauen –
nicht lieben, nicht fühlen. Die Frau wird
zu etwas Starrem gemacht.

4. Ambivalenz der Hauptfigur – Reue oder Sehnsucht?

> *„Und manchmal, wenn sie stumm verweilt / der Wind durch Kinderstimmen eilt"*

Hier kommt das zentrale Motiv der Ambivalenz ins Spiel. Die Frau beginnt, ihre Entscheidung zu hinterfragen – nicht aus gesellschaftlichem Druck, sondern aus einem echten inneren Impuls.

Doch ihre Reue wird nicht ausgesprochen, nur gespürt. Diese Unausgesprochenheit ist Teil ihrer Einsamkeit. Sie lebt in einem Raum, in dem es keinen Platz für Veränderung gibt – und deshalb auch keinen Platz für echte Intimität.

Stilistische Mittel:

- **Metaphern & Kontraste**
  – „Kleid aus Zeit", „Milchgeruch", „Puppe, glatt und still"
  → machen ihre Objektivierung und das Romantisieren ihrer Jugend greifbar.

- **Wiederkehrende Struktur (12 Strophen, aabb)**
  → spiegelt die scheinbare Ordnung der Beziehung, die bei näherem Hinsehen starr und erdrückend ist.

- **Klangbild & Ton**
  → Der Rhythmus wirkt sanft, fast lullend –

was die subtil manipulative Atmosphäre ihrer Beziehung gut abbildet.

? Fazit:

„Keine Kinder, sagt sie" ist ein Gedicht über Selbstbestimmung, die sich als trügerische Freiheit entpuppt, wenn sie durch die Linse männlicher Fantasien wahrgenommen wird. Die Frau wird nicht für ihre Tiefe geliebt, sondern für ihre vermeintliche Leere – ihre Jugend, ihre Ungebundenheit, ihre stille Verfügbarkeit.

Die Tragik liegt darin, dass die Frau sich erst spät fragt, ob ihre Entscheidung noch ihr gehört – oder längst Besitz eines Mannes geworden ist, der sie nie als vollständigen Menschen sehen wollte.

Gedicht 7: „Und sie tanzt für ihn"

Sie tanzte einst im rotem Licht,
ihr Körper stumm, ihr Blick ein Gedicht.
Die Stange war ihr starker Thron,
ihr Schweigen klang wie blanker Hohn.

Sie hörte Pfiffe, sah das Geld,
doch war es nie, was wirklich zählt.
Sie tanzte, weil sie Freiheit spürt –
auch wenn die Bühne kalt verführt.

Dann kam er eines Abends leis,
sein Blick war leer und doch so heiß.
„Du bist nicht wie die anderen da."
Sie lachte kurz – doch blieb er nah.

Er lobte nicht nur ihre Haut,
sondern die Frau, die sich was traut.

„Du bist die Ehrlichste im Licht –
du zeigst dich ganz, versteckst dich nicht."

Sie glaubte ihm, begann zu blühn,
ließ alte Scham in Schatten ziehn.
Zum ersten Mal in vielen Jahren
spürt sie sich selbst, darf offen fahren.

Sie zog für ihn ihr Herz ganz aus,
ließ jede Maske, jeden Applaus.
Er sagte: „Du musst nie mehr tanzen" –
und sah sie still in alten Glanzen.

Doch bald schon kam der kleine Stich:
„Wieso bist du nicht wild für mich?"
Er wollte sie, wie sie einst war –
doch nur für ihn, nicht offenbar.

„Zieh dich doch aus, ganz nur für mich.
Tanz wie früher, zeig dich schlicht."

Kein Club, kein Licht, kein fremder Blick –
nur sein Besitz, sein dunkles Glück.

Sie tanzt erneut, doch nicht für sich,
ihr Blick wird stumpf, er liebt nur sich.
Er filmt sie heimlich, speichert ihre Pracht–
ihr Stolz verwelkt in stiller Schlacht.

Er nennt sie Königin im Spiel,
doch seine Lust friert sie zu viel.
Was einst Befreiung war im Takt,
ist nun ein Käfig, der sie packt.

Sie will nicht mehr, doch wagt kein Wort,
denn wer, wenn nicht er, ist ihr Ort?
Ihr Körper weiß, was er verlangt –
doch nicht mehr, wer in ihr noch bangt.

Und tanzt sie heut im Dunkeln klein,
ist's nur noch Angst im Kleid aus Sein.

Sie tanzt nicht mehr, weil sie sich spürt –
sie tanzt, weil er ihr Ich gehört.

Analyse zu „Und sie tanzt für ihn"

? Grundthema

Das Gedicht erzählt von einer Frau, die einst als
Striptease-Tänzerin ihre eigene Stärke in der Kontrolle
über ihren Körper und die Blicke anderer fand. Sie lernt
einen Mann kennen, der ihre Vergangenheit nicht
beschämt – im Gegenteil, er bewundert sie dafür. Doch
diese vermeintliche Akzeptanz entpuppt sich bald als
subtiler Zwang: Ihre Vergangenheit wird zur Fantasie,
ihre Autonomie zur Projektionsfläche. Am Ende tanzt
sie nicht mehr aus Freiheit, sondern aus
Fremdbestimmung – und verliert sich dabei selbst.

? Zentrale Motive und Symbolik

1. Striptease als Stärke – und Maske

Bereits in der ersten Strophe spürt man, dass die
Protagonistin den Tanz nicht nur aus ökonomischer Not
heraus machte, sondern auch als Schutzpanzer:

> *„Die Stange war ihr starker Thron / ihr
> Schweigen klang wie blanker Hohn."*
> Die Bühne gab ihr Kontrolle – auch wenn
> sie sich entblößte, war sie diejenige, die
> die Regeln bestimmte. Die Klischees über
> Tänzerinnen werden unterlaufen: Sie ist
> weder Opfer noch willenlos – sie hat eine
> Geschichte und ein inneres
> Selbstverständnis.

2. Der Mann als vermeintlicher Erlöser

Er erscheint zunächst wie jemand, der sie sieht:

> *„Du bist nicht wie die anderen da."*
> Solche Worte sind in toxischen
> Beziehungen typisch: Sie klingen wie
> Anerkennung, aber sie isolieren. Er stellt
> sie über andere, um sie schließlich ganz
> für sich zu beanspruchen.

3. Der Übergang von Bewunderung zu Kontrolle

Der Umschwung beginnt schleichend:

> *„Du musst nie mehr tanzen"* klingt
> liebevoll – aber es ist kein Angebot,
> sondern eine Erwartung.
> Später wird aus dem Verzicht eine neue
> Forderung:
> *„Wieso bist du nicht wild für mich?"*
> Er will das Alte – aber privat,
> kontrollierbar, exklusiv. Ihre
> Vergangenheit wird zum Werkzeug seiner
> Begierde.

4. Verlust von Selbstbestimmung

Was sie einst als Ausdruck von Macht lebte, wird zur
Unterwerfung:

> *„Er filmt sie heimlich, speichert Nacht"* –
> der Tanz ist nicht mehr freiwillig, sondern
> Besitz.

Der Tanz wird zur Metapher für die weibliche Rolle in dieser Beziehung: Ausdrücklich sein – aber nur im Rahmen männlicher Kontrolle.

5. Innere Entfremdung

„Sie tanzt nicht mehr, weil sie sich spürt – / sie tanzt, weil er ihr Ich verführt."
Die letzte Strophe bringt die Tragik auf den Punkt: Sie agiert weiter – aber nicht aus sich selbst heraus. Ihre Handlung ist leer, ihr Selbstbild zerstört.

Stilistische Mittel

- **Doppeldeutige Sprache**: Der Tanz steht sowohl für Stärke als auch für Selbstverlust – das macht den Konflikt subtil und eindringlich.

- **Klangästhetik**: Die weich klingenden Reime und der fließende Rhythmus kontrastieren mit der inhaltlichen Beklemmung – was die innere Zerrissenheit der Protagonistin verstärkt.

- **Symbolik des Körpers**: Der Körper ist Bühne, Ausdruck, Objekt und Gefängnis – ein zentrales Motiv der weiblichen Selbst- und Fremdwahrnehmung.

? Fazit:

Ein zentraler Schritt wäre, sich ihren Körper auf neue Weise zurückzuerobern – z. B. durch Therapie, Bewegung, Tanz ohne Blick von außen. Sie muss wieder spüren, was ihr Körper für sie bedeutet – nicht, was er für andere darstellt.

Gedicht 8: Weiß wie Milch

Sie aß nur wenig, zählte klein,

die Welt schien hart, sie wollte rein.

Ein Körper wie aus Glas gebaut,

ein stilles Ich, das kaum noch schaut.

Die anderen sagten: „Iss doch mehr",

doch jedes Wort wog doppelt schwer.

Ihr Hunger war ein leiser Schwur,

nicht stark – doch still, in ihrer Spur.

Dann traf sie ihn, so hell, so mild,

ein Mann, der ihre Stille fühlt.

Er sah in ihr kein Fehlen, Leid –

er flüsterte: „Du bist befreit."

„So zart, so leicht, so wie ein Hauch,
dein Gang wie Nebel, federnd auch."
Sie fühlte sich zum ersten Mal gesehen –

nicht als krank, sondern als wunderschön.

Er streichelte ihr Schlüsselbein,
als wär es schön, so schmal zu sein.
Er nannte sie „mein Engelsding" –
sie lächelte – und ließ ihn hin.

Die Tage wurden kalt und klar,
ihr Körper löschte, was einst war.
Sie fraß sich leer mit kühlem Ich,
und blieb bei ihm – doch nicht bei sich.

Er kochte nie, bestellte kaum,
sah sie beim Nippen – wie im Traum.
Sie wollte essen – wagte nicht,
sein Blick war weich und doch Gericht.

Ihr Spiegel wurde stille Wand,
ihr Kleid fiel ohne Widerstand.
Er sagte: „Du bist fast nicht hier –
so schön – du fliehst fast schon von mir."

Sie wog sich nachts, sie maß sich sacht,
ihr Körper sprach: „Du hast es fast."
Doch ihre Seele schrie nach Brot,
nach Fleisch, nach Halt – sie blieb in Not.

Er hielt sie fest in warmem Ton,
sein Lob war weich, doch wie ein Thron.
Sie dachte: „Wenn ich zunehm, flieh'n
die zarten Worte, für seine Queen."

Und als sie fiel, so sacht, so still,
sprach er: „Du bist, wie ich dich will."
Sie war nur Haut, nur Licht, nur Schein –
zu schwach zu gehen, zu schwach zu schrei'n.

Und unter Decken, weiß wie Schnee,

lag sie in Luft, als ob im See.

Zu leicht zum Leben, schwer im Geist –

und doch bei ihm, der sie umkreist.

Analyse zu „Weiß wie Milch"

? Grundthema:

Das Gedicht thematisiert die gefährliche Dynamik einer
Essstörung, die durch eine scheinbar liebevolle, aber
tatsächlich idealisierende Beziehung verschärft wird.
Die Frau hungert sich leer, um Kontrolle zu behalten –
und trifft auf einen Mann, der nicht ihre Gesundheit,
sondern ihre Zerbrechlichkeit bewundert. Was wie
Akzeptanz beginnt, wird zur verhängnisvollen
Bestärkung ihrer Selbstzerstörung.

? Zentrale Motive und Symbolik:

1. Hunger als stille Selbstbehauptung

> *„Sie aß nur wenig, zählte klein..."*

Schon in der ersten Strophe wird deutlich, dass der
Hunger für die Frau ein Mittel der Selbstdefinition ist.
Nicht aus Eitelkeit, sondern als Antwort auf eine Welt,
die ihr zu viel ist. Das restriktive Essverhalten ist eine
Form von Kontrolle, eine Art Selbstermächtigung –
allerdings auf zerstörerische Weise.

2. Vermeintliche Akzeptanz als Falle

> *„Er sah in ihr kein Fehlen, Leid – / er
> flüsterte: ‚Du bist befreit.'"*

Die Begegnung mit dem Mann wirkt wie ein Wendepunkt: Zum ersten Mal fühlt sich die Frau nicht verurteilt, sondern „gesehen". Doch genau darin liegt die Tragik – seine Zuwendung gilt nicht ihr als Mensch, sondern ihrer Erscheinung als „zart", „federnd", „Engelsding". Er romantisiert ihren Zustand.

Diese Fetischisierung ihrer Schwäche verhindert eine gesunde Veränderung. Sein Lob wirkt wie eine sanfte Kette – kein Vorwurf, aber eine stille Erwartung: „Bleib genau so."

3. Der Körper als verschwundener Ort

> *„Ihr Spiegel wurde stille Wand…"*

Der Verfall wird schleichend. Sie verliert nicht nur Gewicht, sondern auch Bezug zu sich selbst. Ihr Körper wird nicht mehr bewohnt – sie lebt mehr in seiner Bestätigung als in ihrer eigenen Wahrnehmung. Gleichzeitig nimmt sie seine Wünsche vorweg und passt sich unmerklich an.

4. Angst vor Veränderung

> *„Sie dachte: ‚Wenn ich zunehm, flieh'n /
> die zarten Worte, die mich wiehn.'"*

Diese Zeile ist zentral für die psychologische Dynamik: Die Frau hat Angst, dass jede Form von Heilung – zunehmen, essen, sich wieder spüren – den Verlust seiner Zuwendung bedeuten würde. Heilung wird gleichgesetzt mit Liebesverlust. Der Mann ist nicht aktiv grausam – aber seine Idealisierung ihrer Schwäche macht jede Genesung zur Bedrohung.

5. Finaler Zerfall

„Zu leicht zum Leben, schwer im Geist..."

Am Ende ist sie physisch zu schwach, um sich zu wehren. Die Beziehung hält – aber nur, weil sie keine Kraft mehr hat, zu gehen. Die letzte Zeile *„und doch bei ihm, der sie umkreist"* betont die Passivität: Er kreist um sie wie ein Mond um einen sterbenden Planeten – fasziniert, aber ohne Rettung.

? Stilistische Mittel

- **Zarte Bildsprache:** Begriffe wie „Hauch", „Engel", „Licht", „Milch", „Feder" vermitteln Leichtigkeit – kontrastierend zur Schwere des Themas. Diese sanfte Lyrik spiegelt den trügerischen Charme der Beziehung.

- **Klang & Rhythmus:** Der regelmäßige Vierzeiler mit Reimschema aabb erzeugt eine hypnotische, fast kindlich-beruhigende Wirkung – was die gefährliche Verklärung unterstreicht.

- **Doppeldeutigkeiten:** Viele Zeilen können ambivalent gelesen werden – romantisch oder zerstörerisch.

? Fazit:

Das Gedicht zeigt in eindringlicher Symbolik, wie gefährlich „liebevolle" Bestätigung sein kann, wenn sie eine Krankheit romantisiert. Die Lösung liegt nicht im äußeren Bruch, sondern in der inneren Klarheit: Gesundung ist kein Verrat an Liebe – sondern ein Beweis von Selbstachtung.

Gedicht 9: Die mit dem Lachen

Sie lachte laut, als wär's ein Schild,
aus Silber, hell und unbewegt.
Doch was sie fühlt, ist oft ganz mild –
verhüllt von Glanz, der nichts erregt.

Ein Mann, charmant, mit weichem Blick,
sah sie in einer Menschenmenge.
Er sprach von Licht, von heil'gem Glück –
und dass er sie im Dunkeln fände.

„Du bist so stark", flüstert er leis,
„Du trägst dein Leid mit großem Scherz."
Sie nickte still – das Lob war heiß,
doch macht er sich mit ihr nen Scherz?

Er trug ihr Schmerz wie ein Geschenk,
bewundernd, wie sie still verglühte.
Sie dachte oft: „Was, wenn ich denk',
dass er nur liebt, was in mir blühte?"

Er küsste sie, wenn Tränen flossen,
bewunderte ihr stilles Leid.
Er blieb, wenn ihre Kräfte schlossen –
doch nie für Freude oder Zeit.

Sie spürte's, wenn sie fröhlich sprach,
verlor er kurz das eigne Maß.
Die Nähe wich, wie Morgentau –
sie fror in ihrem eignen Glas.

Sie spielte stark, doch war zerbrochen,
und jeder Lacher war ein Schrei.
Sein Trost war warm, doch nie gesprochen –
und ohne Schmerz war sie nicht frei.

Er wollte sie nicht heil, nicht leicht,
nicht tanzend, laut oder versöhnt.
Nur wenn das Dunkle in ihr schleicht,
wird sie von seinem Blick verwöhnt.

Sie wagte Schritt, wollt neues Licht,
sie lachte hell – nicht mehr für ihn.
Doch er verzog sein warm Gesicht,
ließ schweigend ihren Wandel ziehn.

Jetzt steht sie auf, doch ohne Klang –
das Lachen fremd, die Stille schwer.
Was einst wie Rettung zu ihr drang,
war Hunger nach zerbroch'ner Wehr.

Doch tief in ihr, ganz ohne Ton,
wuchs still der Zweifel, leis wie Hohn.
War das, was er an ihr begehrt,
nicht sie – nur Schmerz, entstellt, verzerrt?

Sie sieht ihn jetzt, mit klarem Blick –
sein Trost war Kette, nicht ihr Glück.
Und dennoch bleibt sie – wie verbannt –
denn er war's, der ihr Lächeln fand.

"Analyse" zu *„Die mit dem Lachen"*

? Grundthema

Das Gedicht erzählt von einer Frau mit tiefer, chronischer Depression, die sich nach außen über ein aufgesetztes, oft missverstandenes Lächeln definiert. Als sie auf einen Mann trifft, der ihr seelisches Leid „erkennt" und scheinbar annimmt, scheint sie erstmals wirklich gesehen zu werden. Doch bald wird klar: Er liebt nicht sie – sondern ihre Wunde. Die Beziehung fußt nicht auf Heilung, sondern auf stiller Ausbeutung.

Was als empathische Rettung beginnt, endet in emotionaler Vereinnahmung und Abhängigkeit.

? Zentrale Motive und Symbolik

1. Das Lachen als Maske und Schutzschild

Schon im ersten Vers wird das Lachen zur Rüstung:

> *„Sie lachte laut, als wär's ein Schild / aus Silber, hell und unbewegt."*
> Es ist glänzend, aber leer – ein Abwehrmechanismus, keine Freude. Das Lachen wird zum Symbol für das Verstecken inneren Schmerzes – auch später, wenn es zur „Schone" wird, zur gezähmten, kultivierten Form von Leid.

2. Der Mann als Retter mit verdecktem Eigeninteresse

Er erscheint zunächst verständnisvoll, einfühlsam:

> *„Er sprach von Licht, von heil'gem Glück*
> *– / und dass er sie aus Dunkel fände."*

Doch sein Begehren richtet sich nicht auf ihre Ganzheit, sondern auf ihren Schmerz.

„Er trug ihr Schmerz wie ein Geschenk"
– das Leid wird romantisiert.
Später zeigt sich deutlich:

„Nur wenn das Dunkle in ihr schleicht, /
wird sie von seinem Blick verwöhnt."

Er liebt sie nicht trotz, sondern **wegen** ihrer Zerbrechlichkeit. Das ist keine Heilung – es ist ein Verharren in Krankheit, genährt von falscher Intimität.

3. Der Rückzug bei Genesung

Als sie beginnt, aus dem Leid herauszutreten, weicht er:

> *„Sie wagte Schritt, wollt neues Licht [...]*
> *Doch er verzog sein warm Gesicht"*

Das ist ein tragischer Wendepunkt: Der Wunsch, gesünder und unabhängiger zu sein, führt zum Verlust der Liebe – was die toxische Dynamik sichtbar macht.

4. Ambivalenz und Erkenntnis

In den letzten Strophen ringt sie mit Einsicht:

*„War das, was er an ihr begehrt, / nicht
sie – nur Schmerz, entstellt, verzerrt?"*
Sie erkennt das Missverhältnis, doch kann
sich (noch) nicht lösen:
*„Und dennoch bleibt sie – wie verbannt –
/ denn er war's, der ihr Lächeln fand."*
Diese letzte Zeile ist tief doppeldeutig:

- „Er fand ihr Lächeln" – er hat es gesehen.

- Oder: „Er hat es *definiert*" – es gehört nun ihm.

Stilistische Besonderheiten

- **Reimschema:** aabb – durchgängig gleich, was
  einen Rhythmus von Sicherheit suggeriert, der
  dem inneren Aufruhr widerspricht.

- **Metaphorik:** Lachen als Waffe, Glas als
  Gefängnis, Dunkel als Nähe – die Sprache
  bleibt poetisch und sinnlich, auch wenn sie
  seelischen Schmerz beschreibt.

- **Ton:** sanft, melancholisch, beinahe romantisch
  – das unterstreicht die Tragik: Die toxische
  Beziehung fühlt sich fast liebevoll an.

? Fazit

„Die mit dem Lachen" ist ein vielschichtiges,
melancholisches Porträt einer Frau, die ihr Leiden zur
Eintrittskarte für Nähe macht – und einen Mann trifft,
der genau diese Eintrittskarte will.
Das Gedicht warnt vor einer Liebe, die nicht heilt,

sondern das Ungesunde schönredet.

Die größte Rettung liegt nicht in der Zuwendung des anderen – sondern darin, das eigene Lächeln zurückzufordern.

Gedicht 10: Nur für ihn schön

Sie stand vor Glas mit starrem Blick,

ihr Mund verzerrt, das Herz im Strick.

Die Stirn gespannt, der Busen straff,

doch innerlich war sie längst schlaff.

„Du bist so schön," sagt er im Licht,

„doch etwas fehlt – ein neues Gesicht."

Sie nickt und schweigt, ihr Blick wird leer,

ihr Selbstbild versinkt im tiefen Meer.

Die erste Narbe, fein gesetzt,

ihr Lächeln schmerzt, ihr Stolz verletzt.

Doch seine Augen glänzen stark doch still –

sie fühlt sich nah, wenn er sie will.

Die Brüste neu, die Nase klein,
die Hüfte schmal, der Blick ist rein.
Er zählt die Stellen, die noch stören,
sie lernt, sich selbst zu überhören.

„Nur für dich," flüstert sie sacht,
als ob ihr Herz sich kleiner macht.
Die Nadel sticht, der Schnitt wird weit,
ihr Körper wird zum Opferkleid.

Sie wiegt sich sanft in seinem Blick,
ein Werk aus Wachs, aus fremdem Glück.
Doch was er sieht, ist nie genug –
sein Wunsch bleibt hungrig, wie sein Trug.

Sie lernt zu schweigen, wenn er spricht,
vergisst, was einst war: ihr Gesicht.
Der Spiegel zeigt ihr fremde Haut,
die Liebe formt, was jemand baut.

Er lobt den Schmerz, den sie erfährt,
verliebt in das, was er begehrt.
Was sie verliert, gefällt ihm mehr –
ein leeres Feld, doch weich und leer.

Ein neuer Wunsch, ein neuer Schnitt,
ihr Wille schrumpft mit jedem Schritt.
Sie hofft, dass seine Liebe reicht,
doch Schönheit flieht, wenn man nicht streicht.

10.

Sie träumt von Haut, wie einst sie war,
vor Schnitten glatt, vor Griffen klar.
Doch jedes Bild, das er ersehnt,
hat längst ihr eig'nes Sein entlehnt.

Ein letzter Schnitt, ein letztes Ziel –
er sagt: „Noch nicht perfekt, mein Spiel."
Doch sie erkennt: Sein Blick verrät,
dass nichts je reicht, was sie ihm tät.

Im Spiegel sieht sie: fremd, entstellt,
aus Wunsch geformt, vom Selbst enthellt.
Doch dreht sie sich – bleibt doch bestehn,
denn nur in ihm kann sie sich sehn.

Analyse zu „Nur für ihn schön"

? Grundthema:

Das Gedicht erzählt von einer Frau, die sich durch Schönheitsoperationen zunehmend selbst verliert, weil sie glaubt, sich nur über die Begierde eines Mannes definieren zu können. Was als Wunsch nach Anerkennung beginnt, wird zur obsessiven Anpassung – bis zur vollständigen Selbstentfremdung.

? Zentrale Motive und Symbolik

1. Körper als Projektionsfläche

Bereits in der ersten Strophe wird deutlich, dass ihr Körper nicht mehr ihr gehört:

> „Die Stirn gespannt, der Busen straff, /
> doch innerlich war sie längst schlaff."

Die äußere Schönheit steht im Kontrast zur inneren Leere. Die Frau hat aufgehört, sich selbst zu spüren. Ihr Körper wird Objekt – zum „Opferkleid".

2. Die männliche Bewertung als Maßstab

Der Mann wird zur Autorität, die Schönheit definiert:

> „Doch etwas fehlt – ein neues Gesicht."

Seine Vorstellungen steuern ihre Entscheidungen. Ihre Zustimmung ist nicht mehr frei, sondern getrieben von dem Wunsch nach seinem Lob.

Diese Dynamik offenbart eine gefährliche Abhängigkeit: **Er wird zum Spiegel, in dem sie sich selbst zu erkennen glaubt** – ein Spiegel, der jedoch manipuliert.

3. Schönheitswahn als schleichende Selbstauflösung

Mit jeder Operation wird sie weniger sie selbst:

> „Sie lernt zu schweigen, wenn er spricht, /
> vergisst, was einst war: ihr Gesicht."

Sie wird zunehmend zu einer Figur, die **nicht mehr aus Selbstliebe handelt,** sondern aus Angst, nicht mehr geliebt zu werden, wenn sie stehen bleibt. Die Eingriffe sind Ersatzhandlungen für Nähe – Liebe wird performt, nicht empfunden.

4. Spiegelbild & Entfremdung

> „Im Spiegel sieht sie: fremd, entstellt, /
> aus Wunsch geformt, vom Selbst
> enthellt."

Der Spiegel steht im Gedicht mehrfach als Symbol für Identität – und für den schmerzhaften Moment, in dem diese zerbricht. Am Ende ist sie nur noch eine Idee dessen, was jemand anderes schön findet.

Trotz dieser Erkenntnis bleibt sie:

> „Denn nur in ihm kann sie sich sehn."

Das ist der tragischste Moment: **Selbsterkenntnis ohne Befreiung.**

? Stilistische Mittel

- **Reimschema aabb**: Wie bei allen Gedichten des Zyklus symbolisiert es die Wiederholung, die Gefangenschaft im Muster – hier der Schönheitsnorm.

- **Metaphorik**: Begriffe wie „Opferkleid", „Werk aus Wachs", „leeres Feld" machen sichtbar, wie sie zu einem Objekt wird.

- **Sprachduktus**: Sanfte, fast lyrische Sprache – im Kontrast zum düsteren Inhalt. Diese Spannung spiegelt die Verführung durch Ästhetik wider.

✦ Fazit:

„**Nur für ihn schön**" ist eine präzise und bedrückende Darstellung davon, wie weibliche Selbstaufgabe durch äußere Ideale beschleunigt werden kann. Es zeigt, wie tief und tragisch die Kluft zwischen *gesehen werden wollen* und *wirklich gesehen werden* sein kann – und wie gefährlich es ist, das eigene Selbst in die Hände eines anderen zu legen.

Die Lösung liegt in **Selbstakzeptanz, Selbstbestimmung – und der Bereitschaft, auch allein gültig zu sein.**

Zwischen Blicken und Spiegeln

(Epilog zu den zehn Gedichten)

Sie standen still, in fremder Haut,
in Körpern weich, doch nicht vertraut.
Sie lachten, weinten, tanzten still –
und *versuchten zu sein, wie er es will.*

Ein Blick genügte, und sie fiel –
in Sehnsucht, die sie selbst nicht will.
Er sah sie schön, kaputt, zu viel –
und jede wurde, was er will.

Sie trank für ihn, sie aß sich voll,
sie schwieg, weil Stille Liebe sein soll.
Sie schnitt sich schön, sie wurde leer –
und hielt sein Lob wie einen Pokal daher.

Er war kein Feind, nur nie ihr Hort –
sie suchten Nähe, fanden einen Ort.
Einen Ort, an dem sie nicht mehr war –
nur sein Bedarf, sein Bild, sein Ja.

Sie dachten, endlichbin ich nicht verkehrt –
doch niemand hat ihr Herz verehrt.
Denn jedes Lob war schräg aber brav –
ein sanftes Gift toxisch-scharf.

Und jede blieb, weil sie sich band –
mit ihrer Schwäche an seine Hand.
Die Freiheit war nur das Versprechen –
ein sanftes Lied für ihre Schwächen.

Doch in der Tiefe, unbemerkt,
ein kleiner Schmerz, der leise zerrt.
Ein Satz, ein Blick, ein *Warten-müssen* –
ein Wunsch, er wird mich küssen.

Sie steht vorm Spiegel, ohne Kleid –
kein Make-up, Schnitt, kein falsches Leid.
Ein Hauch von Wut, ein Blick, ein Licht –
und dann die Frage: *Bin ich ich?*

- **„Im Rausch der Nähe"**
  → Die Alkoholikerin und der Mann mit
  Drunk-Fetisch *(bereits geschrieben)*

- **„In seinem Blick verwachsen"**
  → Die übergewichtige Frau und der Mann mit
  Feeder-Fetisch *(bereits geschrieben)*

- **„Stille Tochter"**
  → Eine Frau, die sich nie getraut hat, laut zu
  sein, trifft auf einen Mann, der sie für ihre
  Schweigsamkeit liebt – bis sie merkt, er will
  keine Stimme, sondern eine Statistin.

- **„Falsche Krone"**
  → Eine Frau mit Kontrollsucht und
  Karrierefixierung trifft einen Mann, der sie
  dafür bewundert – aber insgeheim ihr Scheitern
  als erotisch empfindet.

- **„Die Haut, die er wollte"**
  → Eine Frau mit Narben, selbstverletzend,
  trifft auf einen Mann, der ihre Wunden
  „schön" nennt – und so ihre Sucht bestärkt.

- **„Keine Kinder, sagt sie"**
  → Eine Frau, die sich entschieden hat, keine
  Mutter zu sein, findet einen Mann, der das
  feiert – bis sie merkt, er will sie *ewig jung,
  ungebunden, verfügbar.*

- **„Und sie tanzt für ihn"**
  → Eine Frau, die einst Striptease-Tänzerin war,
  wird von einem Mann für ihre Vergangenheit
  bewundert – aber nur, solange sie ihre Würde

dabei aufgibt.

- **„Weiß wie Milch"**
  → Eine Frau mit einer Essstörung, die kaum etwas isst, trifft einen Mann, der sie für ihre Zartheit vergöttert – doch seine Liebe macht sie nur schwächer.

- **„Die mit dem Lachen"**
  → Eine chronisch depressive Frau lernt einen Mann kennen, der sie „retten" will, weil ihr Schmerz ihn aufwertet – bis sie merkt: er liebt ihr Leiden, nicht sie.

- **„Nur für ihn schön"**
  → Eine Frau, die sich durch Schönheits-OPs immer weiter verändert, hat einen Mann, der sie bewundert – aber sie verliert sich, weil er nie aufhört, mehr zu wollen.